JN417981

차라리 지난 70년을 맹렬하게 살아 보았으면 어땠을까?
허나, 이제 도리 없는 일.
옛날이 그립고 젊음이, 고향이 그립고, 이제
지는 해를 따라 서산을 넘는 늙은이의 해넘이 노래…….〈前文〉

大學 시절
(1961, 27才)

결혼 직후, 아내(朴京先, 19才)와 함께
(1957, 23才)

향리 龍岩에서 (1976, 42才)

향리 龍岩 어귀의 모친 (裵慶生, 81才)
(1990)

大邱 達成公園에서(1971, 37才)
좌로부터 장남 祥燮(14才), 차남 起燮(12才), 삼남 市燮(9才), 조카 明燮(10才)

濟州道 여행 중(1995, 61才)

중등교사 시절 慶州에서
(1973, 39才)

독립기념관에서
아내와 모친
(1988)

大邱 桐華寺에서
손자 · 손녀들과 함께
(2001, 67才)

잊지 못할 사랑보다 잊지 못할 影像을 간직하고 싶구나.
공허한 저문 하늘 밑, 저 소잔등 같은 긴 능선으로
당신의 드리워진 그림자 사라져가도
난 골고다의 聖身처럼 오히려 惻隱의 눈으로 내려다보리라,
이전 같이 가슴 아리지 않으리라.
—「단 한 번 하고픈 演出」 중에서

해를 따라 서산을 넘다

모아드림 시선

해를 따라 서산을 넘다

정종근 시집

모아드림

차 례

제2부 가을 사랑

제3부 虛虛 七十年

제1부
또 다시 9월에

淑아, 그날의 봄은

달이 밝은 봄밤에 淑은 무슨 생각하고 있는가.

짙은 꽃향기 속으로 희뿌연 봄밤의 그 설레임을 淑은 잊었는가.

풀포기 하나의 微動이나, 꽃잎 하나의 떨어짐에도 예사롭지 않던 그 시절, 그 맑은 感性은,

이제 검은 工場 굴뚝 연기 속에 그으러진 工團의 달만큼이나 무디어진 내 삶에 그런 봄은 없었다.

달이 밝은 봄밤에 淑은 무슨 생각하고 있는가.

산 복숭꽃 흐드러진 밤고개 길에, 장길 마중에 반기며 외치던 이웃의 목소리를 淑은 잊었는가.

검정고무신 하나, 짙은 금박댕기 하나에도 눈물 글썽이며 감격하던 그 情人들의 고향은,

이제 승용차로 막히고, 億을 노래처럼 외이며, 높아진 담장 시멘트 구조물 천지에 그날의 봄은 없었다.

山村

사월 꽃샘바람, 산 복사꽃 꽃보라 되어 온 마을에 흩날릴 때,

양지바른 언덕밭 보리는 벌써 은빛 속살 보이며 바람에 일렁이고,

山亭 가는 길가엔, 산골 세월에 더디게 자란 노랑 저고리 촌처녀가 꽃바구니에 재부랍게 봄을 캐 담고 있구나.

지붕마루에 위세 좋게 우뚝 선 수탉이 무딘 장을 치며 목청껏 잠든 마을을 일깨우는데,

핫옷 입은 村老가 짚동에 기대 앉아 졸며, 짧은 햇날을 재고 있구나.

세 가지 보기 싫은 것

어항 속의 금붕어의 遊泳을 아름답다고 보았는가? 빠삐용의 지혜도 없이 속박에서 탈출하려는 끝없는 시도, 괴로운 몸부림인 것을. 맑은 시냇물의 풍요와 그 무진장의 자유에의 갈구를 즐거운 몸짓으로 보다니…

화분 속 盆栽의 오묘함을 아름답다고 하였는가? 맑은 대기 속에서 태양을 향해 끝없이 벗어나고 싶은 그 自由에의 鄕愁를 철사로 속박하여 비틀어 휘감고, 자르고, 눌러 곱사등에 병신스레 얽어맨 그 속박을…

새장 속의 새들의 울음을 아름다운 노래라 하였는가? 그게 어디 조수미의 노래인가, 쇼팽의 음률인가. 끝없는 창공을 자랑스레 날갯짓 하고 싶은 그 살구들, 피를 토하듯 울부짖는 그 悲嘆을, 재롱이라 노래라 하였는가?

대밭에서

내 경건한 마음으로, 두 손을 모으고 대밭을 둘러본다.

지난밤 달빛의 희뿌연 여광 속에 神仙들의 정갈한 밀회가 있었기에, 내 영혼은 이렇게 정초하고 맑은 순간을 맞는다.

청청한 잎새를 달고, 하늘을 向해 거침없이 벋어 오른 自由,

꺾이지 않는, 시들지 않는 傲霜孤節이라, 눈서리 비바람에 아랑곳하지 않는 깨끗이 다듬어진 비너스여!

거닐면 대밭은 빙빙 돌고, 삽상한 냉기가 온몸을 감싸안고, 세속의 汚辱과 담을 쌓고, 저만의 별천지를 고집스레 향유하고 있구나.

마른 댓잎 위에 지치고 오염된 내 육신을 뉘이고,

먼 파도 소리 같은 세속의 소리를 귀 밖으로 듣는다.

옹달샘

저녁나절 옹달샘에 물을 긷는 저 큰아가
백옥 같은 그 얼굴에 눈물 자욱 웬일인가
의지 없는 동생 두고 시집가기 서러운가
산접동새 설은 울음 어미 생각 그리운가

세월 흘러 옹달샘에 봄이 가고 여름 가고
한 닢 두 닢 나뭇잎만 옹달샘에 떨어지네
큰아기는 소식 없고 죽은듯이 고요한데
철모르는 물방개만 한나절을 맴을 도네

또 다시 9월에

세월은 내 나이를 생각케 하네.
그래서, 가을은 서글퍼지는 건가?

지난 세월은 열불나는 삶이었네.
불덩이같이 가슴은 타고, 정신없이 허덕허덕 지나갔는데
가을은 여름의 홍역을 가라앉히고,
그 자리 쓸쓸한 悔恨으로 돌아오는가?

나뭇잎은 아직도 무성한데, 마음은 벌써 낙엽을 떨구며, 쓸쓸한 거리, 허전한 저녁 거리에서 눈을 들어 먼 鄕愁 같은 젊은 날을 생각케 하네.

스산한 바람은 내 세월의 등을 밀며 재촉하는가? 어디로 갈까? 또 다시 이 9월에!

馬山港 기억

멀리 砲聲이 은은한데

밤바다는 온통 LST 불빛으로 불야성을 이루고,

뱃고동 실향민의 한을 달래는가?

노랑물 들인 양갈보, 담배 물고 깔깔대는 밤거리에, 암내 맡은 깜둥이들 거리를 휘젓는다.

억센 평안도 사투리에 경상도 사투리가 어울려 거리는 홍청망청.

밤도 깊고, 트럼펫 목쉬어 우는데, 거리는 鄕愁 같은 설움에 젙어지네.

슈샤인 보이! 숫굴 아이처럼 하얀 눈만 빛나지만, 울음 같은 절규가 밤바람에 묻어나고, 이월, 차가운 밤바람에 C 레이션 깡통들이 언 땅으로 팽이같이 굴러가네.

옛날 아내 얘기

온종일 괭이로 팠다. 잔 나무는 뽑아내고, 풀은 흙을 털어내어 大田을 이룬다.

해는 저물고, 남향받이 대견한 개간 밭에 긴 소나무 그림자가 群像처럼 드리워지고, 온 산은 적막으로 무서워진다.

산을 내려오는 女人의 다리는 떨리고, 산새들의 울음도 허기진 듯.

그해 가을 참깨를 심어 다섯 말을 털어 돈을 마련했다.

시월 보름날 밤 그 돈으로 시동생 등록금을 갚았다. 그 집을 나오며 감나무에 걸린 달을 보았다. 후련하고 떳떳하고… 女人의 눈에 고인 눈물이 달빛에 빛나고 있었다.

宗婦

빛좋은 개살구였다. 이름 좋은 불로초인가? 허기진 장승처럼 미련스레 견디네.

머리 위엔 수많은 조상신을 이고, 끝없이 효부와 부덕만 강요하면서, 긴 忍苦에 뫼아리도 없는 질곡의 일생이다.

廢城 같은 황량한 古家에 유령같이 늙어, 까만 모과같이 말라버린 女人아!

한껏 웃어도, 울어도, 넘쳐도 다함도 못한 죽을 때까지 바위같이 자리 지킨 그 女人의 뒷벽엔 忠孝傳家란 액자가 있었다.

보내고 그리는 情

내 속마음은 그렇지 않았는데, 그대 그만 가버렸는가?

밀창에 달그림자 서성이는 밤, 울려 보낸 그대를, 보내고 그리는 내 심사는 나도 모르겠네.

곳곳에 때묻은 그대의 자취들. 여저기 또렷한 그대의 흔적이 가슴에 애절히 저려 오는가.

고생에 찌든 얼굴을 미워했던가. 거친 매무새를 싫어했던가. 삶에 지쳐 허우적대는 그대를 난 미움으로 응대했던가!

솔바람 우짖던 고갯바람에 시린 손 가리개 없이 어찌 넘었을까?

내 속정은 그렇지 않은데, 그대 그만 가버렸는가!

冬至省墓

아버님! 동짓달 차거운 밤이 얼마나 길었습니까? 銀靑의 차가운 별빛에 밤이슬이 차겁습니다. 늘 뼈에 저려오는 아픔의 이 자리. 울먹임의 이 悲嘆을 吐하고 싶은 이 산소에서 아픈 悔恨의 심사입니다.

아버님! 따뜻한 질화로에 두 손을 괴이고, 마주보며 도란도란 담소하며 정겨운 밤을 지새어 보았으면… 흔하지 않게 웃으시던 그 모습을 꼭 한번이라도 뵙고 싶습니다. 늘 만만찮게 멀리만 하려던 저의 畏敬이 후회스럽습니다.

아버님! 얼어붙은 산중에 외로운 산새의 울음도 솔바람에 실려 멀어져 가는데, 저는

이제 遺棄하고 떠나야 합니다.

六月 기억

함안 각데미山,

艦砲에 맞아 산은 무너져 내리고 대낮 같은 조명탄 아래 불타는 마을은 숨죽이고,

길가에 즐비한 인민군 시체들 사이, 살려달라는 힘없는 부상병의 절규, 그러나 하나님도 부처님도 등 돌리고, 어머니도 위생병도 피해 버린 카인의 亡靈만이 판치는 이곳에, 죄없이 놀란 소 울음만 골짜기를 울리는데, 시월 철바람에 풀잎의 울음이 구슬프네.

소나무 둥치에 나붙은 피묻은 살점이여!

아! 동족의 피가 분수처럼 솟구치고, 형제의 살점이 난무하는 이 밤에, 구슬픈 달빛만이.

燮아

어디 있느냐, 不渡당하고 가버린 어리석은 놈. 純眞한 네가 장사판에 사업이라니, 등치고 肝 내 먹는 세상에…

네 고통을 相殺한다면 내 팔이라도 끊어 주마. 매질하며 키운 자식, 彷徨하는 자식이라면…

燮아, 해 저문 언덕에서 노을을 보고 있느냐? 어느 황토 마루에 누워 허기져 있느냐?

아까운 젊은 시간은 흘러가는데, 서러운 이 아비의 세월은 흐르는데….

聖殿庵

숲은 하늘을 가리고,
가파른 계곡에 점점이 山桃花 피어
바람 소리 사라지면, 산새 소리 물새 소리 되살아 들리네.

층층이 돌 쌓은 손바닥 논은 무성한 잡초에 폐허가 되고,
독수리 맴돌며 야심을 태우지만, 산길은 죽은 듯 잠들었네.

허덕허덕 발길에 도토리 굴러가고, 先千年 佛心에 산길은 다져지고, 後千年 끊임없이 인적은 이어지리.

동해 휴전선

바로 눈앞, 환히 보이는 땅. 철조망만 넘어서면, 저 하얀 모래 위를 걸어가련만. 그리운 얼굴같이 바라만 볼 뿐, 말 한마디 건넬 수 없는 하얀 침묵의 땅. 저렇게 새들과 짐승은 제 뜻대로 오가는데, 파란 바다 물결은 한 자락으로 밀려 오가는데, 너와 나는 40년을 바라만 보고 있는가?

오가는 날은 언제인가?
고향 가기 전엔 죽을 수 없다던 고집 센 한 맺힌 中老人이 上老人이 되어 죽었어도, 紅顔이 늙은이가 되었어도, 너는 바위벽처럼 아예 움직임도 없는가!

서로 끌어안고 소처럼 울어볼 수 없을까? 서로 손등 물어뜯고 피 흘리며, 꿈이 아니다, 이것은 생시다, 하고 외칠 수 없을까?

아! 무정한 세월. 서러운 세월. 그 세월에 또 세월만이….

바다

다 마셔 버릴까! 발길질하면 물은 밀려가 어느 대륙을 삼킬까. 이 미치광이 무슨 짝으로 저렇게 億劫으로 언덕바위를 저렇게 때리는지.

누가 뭐래도 아는 체도 않고, 반응도 메아리도 없는 이 미련덩이. 얼마나 받아들이려는가? 채워도 채워도 배부름 없고 넘침이 없는 포용력은 한이 없구나. 세월도 시간도, 시작도 끝이 없이 그저 그렇게 철썩이며 넘실대며 있는 건지, 누가 뭐라든 그저 그대로 변함없이 있는 건가?

그러나, 그러나, 해뜨는 아침이면, 그 붉은 덩어리를 向하며 수억 개의 손짓으로 懸欄한 群舞를 이루나니.

달이 있는 밤엔 고요한 靜寂의 深淵 속으로 외로운 흐느낌을 듣는다. 수억 개의 별들은 바다 속으로 쏟아지고, 수많은 생물들은 하늘을 향해 몸부림친다면, 바다는 정녕 변함없는 고집덩이가 아닌 살아 있는 奧妙한 존재이리라.

靑道에서

아내는 마을에 들어가고, 나는 차에 앉아 가을을 본다. 맞은편 갈대밭에 슬픈 비명이 저물어 가는 가을을 통곡하는가!

차에서 밀바의 칸초네를 들으며, 격없이 저급한 여흥에 젖어 본다. 내 가을은 올해도 비탄과 아쉬움으로 다가온다. 말 못할 초조 속에 허무히 사라져 가는 그 가을의 속성이 베르나르의 삐오롱의 슬픈 흐느낌처럼 또 저물고 있다.

붉은 노을이 차가운 볼에 물들 때, 아내가 일을 마치고 커피 한잔을 들고 온다면 더욱 좋으리라.

隱迹寺

소슬한 바람에 눈발은 꽃잎처럼 허공을 휘젓는데
몇 개씩 매달린 잎들은 으스스 寒氣에 떨며 저문 가을 저녁을 울리고 있구나.
모두 분주히 가을을 거두고 쫓기듯 따뜻한 방으로 가 버리고
적막한 古刹 기슭에 나 홀로 가을의 眞髓를 吟味하노라.

제2부
가을 사랑

隱迹寺 逃避

소슬한 바람에 눈가루가 골짜기를 휘젓는다. 영악한 벌레 소리 하나 있어 한두 닢 매달린 잎새를 재촉하는가.

모두 쫓기듯 가을을 거두고, 이젠 따듯한 제 방으로 갔는가. 산길은 적적하다. 오싹, 옷깃 여미며 따뜻한 입김을 뿜어 본다. 행복하다. 煩惱와 所屬에 벗어난 육신은 아늑하다.

고향은

고향은, 내 마음 깊은 곳에 항상 자리하고 있었네. 내 生涯의 고통과 桎梏에서 짙은 後光으로 그때마다 내 등을 든든히 받혀 주고 있었네.

고향은, 어릴 적 電信柱에 귀 기울여 그 슬픈 울음을 들으며 都會로의 향수를 그리던 곳.

고향은, 저녁나절 들판 위를 뒤덮는 갈가마귀 떼, 그 폭풍우 같은 날갯짓 소리를 듣던 곳.

고향은, 노을에 일렁이는 붉은 냇물에 돌빤대질 하며, 장에 가신 아버지의 다른 모습을 마중하던 곳.

고향은, 물동이 이고 따바리끈 입에 물고 왼손으로 물방울 움쳐내며 고개 숙인 수줍은 누님이 있던 곳.

고향은, 희미한 封窓 불빛 밖으로 차거운 눈바람이 감나무에 걸린 달만큼이나 뼈저린 추위에, 아버지의 기침 소리가 애절하던 곳.

고향은, 갈푸리 짐 지고 휘파람 불며 떼지어 산고개를 돌 때 향긋한 생풀 냄새 숨이 막히고, 땀냄새 술냄새, 삽상한 작두질의 고른 박자 소리를 듣던 곳.

저문 산에서 내 자리는

이른 별 떼, 내 이마에 닿을 듯,

맑은 冷氣에 옷은 젖어, 내 몸도 허공으로 배처럼 빨려 가는 듯.

여긴 무슨 할아버지 무덤, 저긴 친구의 무덤이, 여저기 무수한 무덤들이,

산은 고향 버리고 떠난 이들, 그러나 종내는 돌아와 묻힐 무수한 육신의 歸着地.

보잘것없는 껍데기는 벗어 버려라. 엄청난 돈 포장도, 훈장도 내버려라. 고향 산은 빨간 육신만을 포용하나니.

고향 떠날 때도 그러했듯 죽어 돌아올 때도 산은 말도 몸짓도 없다.

긴 세월 속에서 그저 흐느낌 같은 침묵으로, 또는 자비스런 자태로 천년을 이대로이지.

무슨 소리하던가, 제까짓 것 떠돌다 결국은 다 너의 품으로 기어들걸. 그리고 잊어 버리면 무덤은 점점 山色으로 同化해 다시 적막한 세월의 深淵으로 빠지고,

아, 밤낮이 교차되고, 계절의 바뀜, 생과 사의 이 輪廻의 戒를 누가 거부하리.

내 자리는 어디인가? 내 긴 永眠의 幽宅은 이쯤일까?

산꽃

외롭다, 이름도 모른다.
피다 지고, 울다 자고,
손잡이 없는 외로운 하늘 밑이다.

다듬지 못한 純粹요, 내보이지 않는 소박함이다. 吐하지 못한 情操는 안으로만 삼키고, 달 보고, 별 보고, 바람 먹고, 이슬 먹고, 그저 숫되이 至純한 너 산꽃이여!

珀

때양볕만 먹고,
악착스레 기어오르더니,

四肢로 들을 끌어안고
보채며 잠든 아기의 머리통,

지근지근 땀에 젖은 어미 등에서 영글어 가는 뜨거운 思念,

퉁퉁 퉁겨 보고, 따내는 그날부터 어떤 女人의 역사가 된
다.

늪에서

億劫을 두고 끊일 새 없는 갈대의 動搖
오랜 세월로 흐느낌 같은 갈대의 울음이 있었다.

달이 있는 늪은 咀呪하는 검은 魂을 안고 뿌연 香煙을 피운다.

풍덩, 덤벙, 들리는 水滴音
스슥슥 삽상한 갈대의 摩擦音 그 사이 외가락의 呼曲이 들려와
그 어떤 살아 있는 생명의 이름을 부르는가?

숲에 누워서

여기는 陰沈한 숲 속. 나는 안전지대에 자리잡아 누웠다. 내 주위는 푸름과 싱싱함뿐이다. 포근히 행복하다.

잎새 사이로 트인 푸른 공간으로 희끗희끗 구름이 지나가고, 내 누운 地熱의 차거움이여. 숲이 시간을 따라 풍만해 가듯, 이른 벌레들도 목이 트여 가고,

지금 저 밖 세상은 볕살이 따갑다. 이제 나는 이 푸른 커튼으로 막았으니, 내 지역은 신방같이 아늑하고 새롭다. 내 영혼이 원하던 곳이다.

단 한번 하고픈 演出

수천 수만 송이 산꽃이,
바람에 일렁이는 이 가을 언덕
넘어가는 붉은 노을도,

아, 사랑했던 사람이여!
단 한번 이 언덕으로 오려마!
꽃과 계절과 노을과 옛사랑이 어울린다면,
이곳은 影像의 극치가 되리니,
지나간 잡다한 감정과 假飾들은 버리고, 肉身만으로 달려오너라.
긴 머리 휘날리며 이마에 땀방울 훔치며 허덕허덕 이 언덕으로 달려 오려마.

돌아서 버린 마음은 탓하지 않소, 다만 당신의 육신만이 이 언덕 이 계절에 虛影처럼 서 있으면 되오, 다만 무심한 저 꽃처럼 있어 준다면 족하오.

아, 꽃과 노을과 너와 나와 이 四角構圖를 단 한번 연출한다면, 나, 너 떠날 때 미련의 눈물은 보이지 않으리라.

잊지 못할 사랑보다 잊지 못할 影像을 간직하고 싶구나.

공허한 저문 하늘 밑, 저 소잔등 같은 긴 능선으로 당신의 드리워진 그림자 사라져 가도

난 골고다의 聖身처럼 오히려 惻隱의 눈으로 내려다보리라, 이전같이 가슴 아리지 않으리라.

베 짜는 처녀

앉을깨 위로 질근 조여 맨 부티,
그 위로 흘러내린 붉은 머리댕기 끝이 일렁이며 춤춘다.

하얀 양손으로 바디치고 북 밀고, 손 바꿔 또 북 밀고 바디치고,
유연히 흔들리는 몸매의 遊泳이 곱다.

하이얀 버선 끝이 치마 밑에서 들랑날랑
떨어져 쌓인 뱁댕이를 헤이며 살며시 보람으로 웃는가.

허리에 쇠활을 옮기며 창문을 바라보면, 달빛에 대 그림자 창문에 다가섰네.

가을 사랑

가을 사랑은 歡喜도 없고,
가을 사랑은 쓸쓸한 그 밑자리에서
울먹이며 하늘대는 가녀린 코스모스 같은 것.

먼 곳에서 고독한 혼자 여행 같은 것.
항상 나그네같이 旅愁에 젖어

가을 사랑은 멀어서 좋고, 기다려서 좋은 것.

서로의 마음은 열려 있으면서,
슬픈 이별 같으면서,
어느 낯선 잎이 지는 오솔길에서 만나, 계절은 겨울에로 줄달음치는데

마치 먼 옛일같이 오랜 모습을 떠올리며
자꾸 자꾸 멀어져서 좋고, 그리워서 더욱 좋은 것.

一勿一泊

山淸 一勿里.

지리산 자락 산마을 달이 밝다.

새벽에 여인의 悲鳴이 애처롭다.

대창에 찔려 죽는 남편, 그 후 밤마다 발광한다는 얘기.

밤엔 빨치산이 내려와 죽이고 족치고 낮엔 깜둥이[경찰]가 때리고 끌고 가고,

프롤레타리아도 부르주아도 막스도 듣도 알지도 못한 그들이,

홈통물 받아서 먹고, 山菜 먹고, 산짐승 울음 듣고 달 보고 사는 그들이,

一勿이라도 죽고, 二勿이라도 죽는다면, 그들은 世傳의 땅을 버리고 갔어야 했나?

앵두

이 산천을 두고,
저 하늘을 두고,
아, 이 情人들을 버리고,
너 홀연히 눈물방울 같은 무덤 하나 남기고 가 버렸나.

산은 重重 말이 없고,
너의 머리에 나실나실 잡초만 微動할 때, 나 너의 쑥을 애처롭게 뽑는다.
이 뭇부리, 이 산둘레에 어느 하나도 너의 체취 안 밴 곳 없으련만, 空虛한 둘레는 먼 하늘 끝으로 이어져 무참히 비어 있구나.

아, 언제 어린 시절로 되돌아가
앵두 한 움큼 쥐고, 너 두 손 벌려라, 하고 소리쳐 볼까?

그 옛날의 洞口

旌閭門 앞으로 진눈깨비가 내리고,
짚신 발자국이 어지럽다.

洞神祭 새끼줄에 매달린 창호지 조각들이 冬寒風에 나부끼고,
巨木은 휭휭 귀신 소리를 내어 무섭다.

옛날 꽃가마 타고 시집오고, 또 꽃상여 타고 떠나가고,
洞口 앞길은 榮辱의 무수한 세월에 생의 輪廻, 四季의 순환, 달의 영휴…. 그러나 들뜨지 않는 고요 속에서, 거대한 느티나무만 말없이 年輪을 헤이며 默禱하며 서 있네.

위생병 동무

그는 오랜만에, 수척하고 남루한 모습으로 나타났다.

전투에 시달린 피로한 얼굴이….

일주일이면 부산 마산을 해방시킨다던 그 자신감은 어디에도 없었다. 마루에 누워 軍歌 아닌 슬픈 노래였다. 어린 동생이 보고 싶다 했다.

며칠 후, 산길을 걷다 폭격에 살상된 시체 속에서 그를 보았다. 부역꾼들이 매장하며 말했다. "안주 에리네." 초가을 빨간 잠자리가 그 위로 정찰하고 있었다. 그 十字 肩章이 슬퍼 울컥 눈물이….

내가 碑木을 세운다면 이렇게 쓰겠소. 여기 죄 없는 소년이 죽었노라고….

바람골

솔바람 소리 웅장하고 무섭다.
바람에 튕겨진 낙엽들 여저기 어지럽게 허공을 휘젓고,
물소리 잠겼다가 다시 폭음으로 돌아왔다.
오, 오, 네가 살았구나,
영악하고 애처로운 작은 새소리….

紅流洞 早春

가야산, 잔설이 녹아내리고
물소리 얼음 밑으로 골골 울리면

양지 녘 홍매화는 前衛의 깃발인 양
봄을 示威하는데,

얼었던 산이 뚝뚝 균열되어 기지개를 켜는데, 다람쥐 산새들의 微動이 아니어도, 봄의 입김은 벌써 골짜기에 충만해 있어

철 이른 두견새 목 티우는 것은
붉은 피 吐하여 온 산에 진달래 물들일 참일 게다.

제3부

虛虛 七十年

封窓의 기억

동짓달 雪寒風이 휘휘 좁은 골목으로 빠져 나가더니
저 건너 솔밭에서 함성으로 터진다.

쏟아질 듯 내려온 밝은 별 떼가 적막한 골짜기를 밝히는데
유령의 집, 그 희미한 封窓의 불빛이
옛 전설을 얘기하는가.

바람이 스쳐 지난 사이, 따그락 따그락 화롯불 다듬는 村老의 부손 소리, 그리고 이어지는 자즈런 골기침 소리.

유장한 세월에 어디를 돌아 이 열리다 만 좁은 하늘 밑에 앉았는가.

그 겨울을 무사히 넘겼을까. 이듬해 양지 녘에 새싹 돋을 때, 한 번 더 먼지 낀 농사 연장을 챙겼을까. 지금쯤 그 흔적은 지워졌겠지.

당산나무의 四季

白壽를 누려도 도대체 변함이 없구나.
돼지머리를 먹었음인가. 인줄에 숯이며,
창호지 조각 나부끼며, 모두 신인 양 畏敬으로 모시네.

봄이면 연록색의 그 무수한 잎새들,
그 속에 보이지 않는 작은 새떼들 소란스럽고
그 무더운 여름, 등짐에 지친 나그네 매미 소리에 잠들게 하리.

가을엔 떨어져 쌓인 낙엽 천지에, 애들 뒹굴다 돌아갔어도, 묵묵부답이니 長壽의 근원임에랴.

靈驗을 비는 마을 아낙들 生男해 주시고 治病해 달라고, 연신 꾸뻑꾸뻑 손바닥 돌려 비벼대지만 측은히 내려다볼 뿐.

그 밑으로 고향을 떠날 때도, 지쳐 돌아오는 이도, 서로가 말없어도, 마음 깊은 자리에 오랜 情意야 어디 가랴.

그러나, 가지 사이 겨울 달이 걸리고 찬바람 스쳐가는 밤이면
홀로 흐느끼는 너의 고독한 울음소리를 듣는다.

강가에 앉아

강가에 앉아 새 계절을 기다린다.

돌아올 배를 기다리고, 떠나간 아련한 옛 사람을 기다린다.

무수히 세월을 담아 나른 저 물떼는 달을 품으려 하고,

봄에 자랄 수초를 기다리듯 나는 멍하니 잡히지 않는 무엇을 끝없이 기다린다.

세월이 가고 있구나, 강물이 담아 나르는 세월, 떠난 배가 남긴 물결 자락 속으로 아련히 明滅하는 나의 세월을 바라보고 있구나.

때늦은 나의 옛 노래는 물소리에 묻혀 버리고, 순간순간 떠나버린 저 물떼를 내 세월의 토막만큼이나 아쉽게 보내노라.

봄이 얼마나 남았을까? 짙은 노란색 저고리의 그 情人의 배는 손짓하며 언제쯤 오려나.

강가에 앉아 실없이 나는 기다린다.

虛虛 七十年

光速보다 빠르게 돌아가는 지구 위에 올라앉아 어질어질 쓰러지지 않고 七十年을 버티어 왔나니,

어둑한 안개 속 같은 삶, 고뇌와 눈물도 있었고, 이슬에 투영하는 빛과 같이
정초하고 고즈넉하다가도 怒濤같이
열띤 숨막힘도 있었나니,

오오, 고운 산하여! 달이며 구름이며 오리온 星座여! 내가 享有한 모든 것들이여! 지난날은 悔恨이요 그리움으로 남는 것. 이제 서산 해를 따라 저물어 가는 七十年.

심금을 울려 주는 음악도, 가슴을 적셔 주는 그림도, 감흥과 공감을 주는 글도, 어느 하나 이루지 못하고 헛바퀴만 돌리다 이제 예고된 스케줄 뒷자리로 물러앉았나.

남을 위한 積善도 普施도 못하고,
문화에도 경제에도 지은 것 없이, 허허
虛誕의 삶이었나니, 돌고 돌고 뛰고 뛰어도 결국은 그 자리, 결산에는 남는 게 없다.

빈잔 같은 허허로운 내 육신은 一圓의 軌를 돌아 輪廻의 法대로

돌아가는 길.

八空山 갓바위

허덕허덕 기어올라 쓰러질 듯 엎어져 손바닥 벌려 간절히 달라 하네.

藥師如來 坐像.
멀리 동해를 응시하며 수천 봉 산자락들을 눈 아래 굽어보시다.
뜨는 해 지는 달이 그 이마를 돌아가며 천년 風雨에 돌이끼 입었어도 그 자비로운 표정이야 어디 가랴?

네 형제와 이웃과 和愛하였는가? 네 동네 가난하고 병든 자와 和愛하고 왔는가? 그렇다면, 허덕이며 오지 않아도 내가 너를 찾아가리다. 그렇다면, 벌리지 않아도 네 손바닥엔 命福이 담겨 있으리라.

열여섯 살의 後退

새벽안개 속으로 맥없는 群像의 행렬은 간간이 부상병들의 신음 소리를 박자로 하여 하염없이 걷고 있었다.

팔월 열나흘 달이 넘어간 四川灣은 적적하다. 덜걱대는 軍裝, 뒤따르는 부상병의 행렬은 춤추듯 어둠을 휘젓고, 모두 말을 잊었다. "앞으로 전달, 십 분간 휴식!" 길섶에 쓰러져 어두운 허공을 멍하니 응시한다. 총탄의 섬광이 彼我의 하늘에 명멸하던 신나는 밤전투를 떠올리고 있었다.

"이제 집으로 가라." 실탄 배낭을 내려놓았다. 군관의 肩章이 여광에 빛나고 있었다. 행렬은 기차 꼬리처럼 산모퉁이로 사라져 가고 있었다.

부상병들이 살 수 있을까? 북쪽군이 왜 이쪽으로 후퇴할까? 그렇다, 지리산이다, 그 광활한 신의 영토 지리산이다.

금강산의 恨

금강산 면회장. 오십이 년의 恨이다.

하늘과 땅이 합친 것만큼 좋고, 시계 바늘이 한 점도 쉬어 주지 않아서 애탄다. 謙齋의 寫生도 미치지 못하는 이 아름다운 실물 금강산도 안중에 없다.

"나 집에 안 갈래, 누구한테 떼쓰면 될까?" 어느 시인의 미사와 수식이 이토록 절실할까?

떼를 써도 입다문 위정자여! 집에 안 간대도 돌아앉은 이데올로기여! 그게 그렇게 좋은가?

하늘이 깜깜하고 산야가 빛을 잃은 듯 휘젓고 몸부림치는 그 늙은 아씨의 절규.

不如歸의 두견새 넋이 된다 해도, 그게 그렇게 중한가?

니가 뭔데 天賦의 情을 끊나?

내가 쥔 걸 지키자고, 남의 쥔 손을 뜯어내나?

麗水有感

멀리 航海에 지친 화물선들이 드문드문 잠들어 있고, 햇살에 현란한 물나비들은 긴 한날을 쉼이 없네.

자식이야 이웃이야 언덕배기에 조개껍데기처럼 붙어사는 이웃들.

작은 고깃배들 일벌처럼 항구에 드나들고, 비릿한 선창엔 억센 아낙들이

투박한 인정을 팔고,

들쭉날쭉 천년의 파도로 고운 유선형 해안선들. 바라보면 가고픈 먼 물 너머의 旅情. 四海로 이어 가고픈 열려 있는 문턱. 아, 아름다운 港口 여수여!

自畵像

나는 누구인가?
벼슬이 없으니 잡혀갈 일 없고,
돈이 없으니 도둑맞을 일 없고,
탐함이 없으니 싸울 일 없다.

無恒産이니 無恒心이라.
일이 없으니 일이 없고, 無爲無成의 虛誕이로다.

거대한 財貨, 찬란한 문명에도, 한 일 없이 徒食한 기회주의자. 남에게 의지하였으니 또한 기생체임이라.

四相을 彼岸에 서서 바라만 볼 뿐, 그나마 마음은 여유롭고 안일한 것은
인생 緣起의 덕이던가, 전생의 業障인가?

나의 行狀에 무엇을 쓰며, 저승 리스트에는 무슨 履歷이 쓰일지. 그나마 훌륭한 자손을 두어 代役을 이룸이라고 쓸 수 있다면 좋겠고, 그마저 없다면 도리 없는 일이고….

나는 무엇인가?

나그네 고개

하늘 가까운 곳에 자리하여, 둥구나무는 오래오래 바람과 함께 거기 있었다.

밤낮 달과 별과 해님이 지겹게 다녀가고, 그날의 나그네는 거기 외롭게 앉아 있었다.

고개에 앉으면 멀어진 사람이 그립고 지난 일이 아쉬운 것. 단봇짐에 타향살이 서러워 풀잎 소리 애처롭고, 歸鄕에 마음 설레어서 종다리 노래 즐겁다.

生의 분기점. 나그네는 세월과 인정을 默禱하는 곳. 무게에 지친 자여, 삶의 등짐을 내려놓아라. 삼키고 있는 울음이 있거든 여기서 吐하라.
눈도 귀도 없이 포용해 줄
듬직하고 정겨운 둥덜미려니.

그러나, 이제 모두 지름길로 가 버리고
오랜 세월 고개는 표정 없이 거기 혼자 살고 있었다.

山村春情

山桃花는 한두 그루라서 더욱 곱다.

밭둑엔 볕이 좋으니 아이야 쇠기 전에 쑥을 뜯어라. 나풀나풀 바구니에 봄을 담아라.

고비새 하늘 높이 고고비 고비야 울고,

개꽃은 양산에 지천으로 물들고, 청산은 연초록으로 더욱 짙어 가네.

골골 개울 물소리. 게으른 닭 울음소리. 해나기 염소새끼 찔룩대며 장다리 밭으로 숨어들고, 골짜기엔 한봄이 지나가려나.

어머니의 山川

나 이래봬도 돌아갈 고향이 있어 행복하다.
언제나 가고픈 이 가슴이 있어
환희를 안고 살으리.

내 늙었어도 그 청청한 산 밑에 九十 넘은 어머니가 계시니, 천지에 비할 바 없는 복동이려니.

풋솔가지 나뭇짐에 찐한 송진 냄새. 그 꿈길 같은 오솔길에 때 낀 이웃들의 목소리를 내 잊을 리 없지.

어머니의 山川. 그 山川의 어머니. 이는 나의 가슴이요, 노래이려오.

수술실 앞에서

마지막 눈맞춤을 하고 싶었으나, 수술실 문은 여지없이 닫혔다.

손에 쥔 보물을 놓아 버리고 영영 떠나 버린 듯, 허허로운 마음은 찡하니 耳鳴으로 울린다.

외로움이다. 천지가 텅 비어 몸은 혼미한 심연으로 빠져들고,

예리한 칼날에 살점이 도려지고, 붉은 피 솟구치는 그 엄청난 꼴은 상상하기도 싫다.

첨탑이 높이 새겨진 一圓像이여! 冠峯에 높이 새겨진 약사불이여! 내 전생의 여죄 닷이라면, 내 부실한 信心의 탓이라면, 그 應報의 벌을 나에게 주소서. 내 어찌 이 목숨이 아까워 연연하리오.

自然

청산이 좋고, 강과 들이 좋으냐?
그러면 어설피 손대지 말라.
마이다스의 손은 더럽게 산천을 바꾸나니

그저 보고 듣고 마시고 느끼며 가슴으로 담아 가거라.
왜 파고 꼬고 버리고 거기다 돌가루 칠을 하는가!
마을 앞 고운 경관에 호텔이라니.
××× 푼수들아!
니가 뭔데 천년 전래의 터전을 훼손하는가?

그 누구도 소유는 없다. 자연은 자연만의 것일 뿐!
모자라는 대로 불편한 대로 그냥 두어라.
자연은 스스로 淨化하고 조정하고 輪廻하나니
그저 빛이며 향기며 공기며 물이며 바람소리 새소리 벌레 소리 꽃이요
열매요 목재며 주는 대로 받아먹어라.

그러고도 유장한 세월을 잘 살았는데 과욕하지 않으면 영원히 부단하게 베풀리라.

너나없이 짧은 한 토막의 生涯. 이 산야에 한 줌의 흙으로 돌아가리니

누리다 고스란히 그대로 물려주자.
자연은 문자 그대로 스스로 그러한 것.

防禦山 石佛

磨崖三尊佛.
藥壺를 쥔 이천 년의 자비여!
섬세히 흘러내린 부드러운 옷자락.
그 아름다운 流線.

이천 년 풍상에도 그 표정이야 신화처럼 아득하면서도 생생히 살아 있는 生佛이려니.

山氣를 내려 중생의 고통을 제도하심에 우리들 속물은 그저 손 비비며,
그저 절하고 절하고….

이천 년의 山氣에 부처의 생기여!
이천 년의 陰恩에 빠져린 이 感愴이여!

하얀 밤

휘영청 훠이
골짜기 흰 달이 돈다.
돌배나무 꽃 하얗고
옹기종기 초가지붕에 달빛도 흰데
白衣 입은 情人들, 희어서 희어서 좋으리.

섬진강 有感

많이 변하였구나. 거대한 다리가 서고
놀란 뱃사공은 도망치고, 나룻배는 광양만으로 가버리고
저문 날 저녁연기도 소 울음소리도 없어지고
兩岸에 차들만 어지럽게 달린다.

강물은 인정도 세월도 다 잡아먹고, 옛처럼 산 그림자
드리우고, 옛 멋은 그대로인데,

삼십 년 만에 온 老軀는 옛 情趣를 찾고
옛 情人을 노래하고파.

남원 곡성 구례를 거쳐 압량에서 굽이쳐 여기 하동포구
팔십 리,
三友亭 하동 숲, 앳된 옛 情의 노래는 맘으로 새기며

짧은 여생은 여기 갈댓잎의 노래를 들으며,
가자, 다시 올 수 없을 이 강변을 떠나, 달 뜨기 전에
또 멀어져 가자.

冬至

문풍지 비비 우는 날
새알을 빚는다.
문고리 물 묻은 손 쩍쩍 붙는데
볼에 묻은 하얀 쌀가루 또렷하구나.
마을 앞 당산나무 우수수 우는 밤
어머니, 그 옛날 덮수건 둘러쓴 어머니
따뜻한 그 어머니 차가운 밤을 녹혀 주신 어머니….

失鄕

토석담은 없어지고 벽돌 아스팔트 담과 길,
호박 넝쿨 박 넝쿨 주렁대던 담은 없어지고
마을엔 슬라브 집에 자가용 차가 즐비하다.
그리던 그 고향은 없어지고 그 부모 친지도
산으로 가고, 나는 나그네요 이방인.
桑梓之鄕이라 버릴 수도 없고,
산은 靑靑 더 짙어가건마는, 맘 붙일 데 없는
황량한 도심 같다.
아, 그리던 고향. 달이 뜨면 어쩌리, 이 허전한 심사를….

■ 발문

서산에 지는 해를 따르며

서산에 지는 해를 따르며

나는 登壇한 시인도 아니요, 나의 시는 검증되지 않았으니 斯界에 異端일 수 있다. 弱冠을 지나 예술제나 대중지에 몇 편 게재했었다고 마치 시인이 된 양 겨드랑이에 유명 시집을 끼고 으스댄 적이 있었다. 그러나 사업이라 그 장사치의 생활에서 시 공부는 팽개쳤고, 시의 세계는 彼岸의 이상향이었다. 때때로 생에서, 자연에서 묻어나는 감흥으로 무언가 표출하고 싶었으나, 게으른 타성인가, 역시 노력 없이 얻어지지 않는 것이었다. 이제 古稀를 지나 생의 황혼기라 죽기 전에 졸작이나마 한 권 떨구고 가고 싶다.

나의 시는 지난날의 애환이며, 향수요, 인생의 悲嘆을 노래한 것이 되어 버렸다. 회고와 종말을 위한 정리라 할까. 이 시집에 인연이 닿아 읽는 분들은, 그저 이런 부류의 시도 있었구나 하고, 지나친 苛責은 말아 주시기 바란다.

흔히 늙음을 제3의 인생이니, 늙음의 미학이니 하여 듣기 좋게 떠올리지만, 역시 떠나야 할 준비를 하고, 버려야 할 마무리의 시간임이랴.

시집 하나 떨구고 서산에 지는 해를 따르며….

甲申年 正月
季林 鄭宗根

이 도서의 국립중앙도서관 출판시도서목록(CIP)은 e-CIP 홈페이지
(http://www.nl.go.kr/ecip)에서 이용하실 수 있습니다.
(CIP 제어번호 : CIP2015031991)

해를 따라 서산을 넘다

글쓴이 / 정종근
펴낸이 / 孫貞順
펴낸곳 / 모아드림

1판 1쇄 / 2015년 12월 5일

서울 서대문구 북아현3동 1-1278
전화 / 365-8111~2
팩시밀리 / 365-8110
E-mail / morebook@morebook.co.kr
http://www.morebook.co.kr
등록번호 / 제2-2264호(1996.10.24)

ISBN 978-89-5664-172-0

값 10,000원